Jean Kamanga

COMPRENDRE CHRIST

Jean Kamanga

COMPRENDRE CHRIST

la révélation de Jésus Christ

Éditions Croix du Salut

Imprint

Any brand names and product names mentioned in this book are subject to trademark, brand or patent protection and are trademarks or registered trademarks of their respective holders. The use of brand names, product names, common names, trade names, product descriptions etc. even without a particular marking in this work is in no way to be construed to mean that such names may be regarded as unrestricted in respect of trademark and brand protection legislation and could thus be used by anyone.

Cover image: www.ingimage.com

Publisher:
Éditions Croix du Salut
is a trademark of
Dodo Books Indian Ocean Ltd. and OmniScriptum S.R.L publishing group

120 High Road, East Finchley, London, N2 9ED, United Kingdom
Str. Armeneasca 28/1, office 1, Chisinau MD-2012, Republic of Moldova, Europe
Printed at: see last page
ISBN: 978-620-6-17073-0

AVANT-PROPOS

Ce livre est basé essentiellement sur la révélation de Jésus Christ. Le salut est fondé sur la connaissance, selon qu'il est dit : « Osée 4 :6 Mon peuple est détruit, parce qu'il lui manque la connaissance. Puisque tu as rejeté la connaissance, Je te rejetterai, et tu seras dépouillé de mon sacerdoce ; Puisque tu as oublié la loi de ton Dieu, J'oublierai aussi tes enfants ». Et Dieu dans son amour pour l'homme, il veut que tous le connaissent :

Jean 17 :3

Or, la vie éternelle, c'est qu'ils te connaissent, toi, le seul vrai Dieu, et celui que tu as envoyé, Jésus-Christ.

Donc, pour avoir la vie éternelle, il faut une vraie connaissance du vrai Dieu. Pourquoi ? parce que cette connaissance est un mystère. Et tout ce qui est mystère, nécessite une révélation. Par ce livre, nous vous amenons à la vraie connaissance de Dieu par Jésus Christ.

1Timothée 2 :3-4

Cela est bon et agréable devant Dieu notre Sauveur, qui veut que tous les hommes soient sauvés et parviennent à la connaissance de la vérité.

Table des matières

COMPRENDRE CHRIST

I. <u>INTRODUCTION</u>

L'identité cachée dans le nom de Jésus est « Christ ». L'écriture parle de « Christ=messie ». Jésus est le nom reçu en tant qu'homme mais Christ est son identité cachée qui veut dire « **l'oint** ». Donc, Jésus est un nom reçu pour confirmer sa mission sur terre, celle de sauver. Car, Jésus de l'hébreu Yeshua, signifie « Dieu sauve » ou « Dieu délivre ». Une combinaison du nom de Dieu en hébreu Yahvé du verbe yasha qui signifie délivrer ou sauver. Exode3 :14.

Matthieu 16 :13

Jésus, étant arrivé dans le territoire de Césarée de Philippe, demanda à ses disciples : qui dit-on que je suis, moi le fils de l'homme ?

Jésus n'avait pas posé cette question en vain, il savait que plusieurs le suivaient sans le connaître réellement. Derrière lui, il y avait toute une multitude des gens qui venaient des contrées différentes. Mais tous ces gens, ne le connaissait pas en réalité. Ils savaient qu'il venait de Nazareth, de la Galilée. Et aussi, ils connaissaient son père Joseph et sa mère Marie. Ils le considéraient comme un homme ordinaire ; tandis qu'un homme ordinaire, ne peut pas accomplir des choses extraordinaires ou étranges. *Matthieu13 :55-56 « n'est-ce pas le fils du charpentier ? N'est-ce pas Marie qui est sa mère ? Jacques, Joseph, Simon et Jude, ne sont-ils pas ses frères ? ».* Cette manière de le connaître, les empêchaient de croire réellement en lui malgré qu'ils le suivaient. L'écriture ajoute : il était pour eux, une occasion de Chute. Ne pas connaître Jésus dans sa vraie nature, vous ne serez pas sauvé, le connaître comme un simple homme, un homme ordinaire né d'une femme, vous ne serez pas sauvé.

Jean 8 :24

C'est pourquoi je vous ai dit que vous mourrez dans vos péchés ; car si vous ne croyez pas ce que je suis, vous mourrez dans vos péchés.

La connaissance sur la divinité de Jésus c'est ce qui vous donne le salut. Mais la même question de Jésus fut posée aux disciples et Pierre répondit :

Matthieu16 :16

Simon Pierre répondit : Tu es le Christ, le Fils du Dieu vivant.

Après cette réponse, Jésus fut satisfait et dit à Pierre « tu es heureux Simon… ». Jésus est satisfait puisque le connaitre nécessite une révélation de Dieu lui-même. Et Pierre n'a pas dit « tu es Jésus » mais plutôt « tu es le Christ ». Cette identité était cachée aux yeux de plusieurs, car les juifs savaient que lorsque Christ paraitra, il viendra dans sa casquette du Dieu tout puissant selon les saintes écritures. Mais Dieu s'est caché dans un corps humain et personne ne pouvait le croire ni le connaitre. Pierre qui l'a reconnu était simplement révélé. Il n'est pas question de faire des longues études pour connaitre Jésus mais une révélation de sa personne, car Pierre n'était pas un homme très instruit.

Découvrons les différentes facettes de Christ :

II. POURQUOI JESUS EST-IL APPELE : FILS DE DIEU, FILS DE L'HOMME ET FILS DE DAVID ?

Les différentes facettes de Jésus-Christ ou ses différentes fonctions, sont parmi les choses qui ne permettent pas à plusieurs de connaître réellement Jésus afin qu'ils soient sauvés. C'est pourquoi il disait aux juifs :

Jean 8 :24

C'est pourquoi je vous ai dit que vous mourrez dans vos péchés ; car si vous ne croyez pas ce que je suis, vous mourrez dans vos péchés.

Dans les écritures, surtout dans le nouveau testament, le Seigneur Jésus est présenté comme fils de Dieu, fils de l'homme ou fils de David. Sachant que Jésus est Dieu, pourquoi peut-il encore être appelé fils ? Nous devons noter que Dieu dans sa manière de faire, c'est un Dieu qui se cache sous plusieurs formes.

Esaïe 45 :15

Mais tu es un Dieu qui te cache, Dieu d'Israël, sauveur !

Pour connaitre Dieu, il faut être révélé par lui-même. Il se révèle à ceux qui, par leur soif d'avoir la connaissance de Dieu arrive à le connaitre. Depuis l'ancien temps, Dieu se révélait sous plusieurs formes ou facettes. Et cette facette du fils, il a pris pour exécuter le plan du salut de l'humanité. Seul Dieu a la qualité du sauveur et la force de sauver. C'est pourquoi plusieurs jusqu'à nos jours ne le connaissent pas. Sauf qu'à ses bien-aimés. Ceux qu'il a lui-même appelé. Il(Dieu)se révèle qu'à ceux qui le cherchent aussi :
Proverbes 8 :17

J'aime ceux qui m'aiment, Et ceux qui me cherchent me trouvent.

Voyez-vous ? quand on se donne à le chercher, il se laisse connaitre : **« Jérémie 9 :24 Mais que celui qui veut se glorifier se glorifie D'avoir de l'intelligence et de me connaître, De savoir que je suis l'Éternel, Qui exerce la bonté, le droit et la justice sur la terre ; Car c'est à cela que je prends plaisir, dit l'Éternel ».**

Luc 10 :22

Toutes choses m'ont été données par mon Père, et personne ne connaît qui est le Fils, si ce n'est le Père, ni qui est le Père, si ce n'est le Fils et celui à qui le Fils veut le révéler.

Donc la notion du père et fils nécessite une révélation de la part de Jésus lui-même. Donc, c'est en Jésus que vous devez découvrir le père et le fils.

A. JESUS FILS DE DIEU

Depuis l'ancien temps, le Seigneur sauvait par des prophètes. Et l'appellation du fils de Dieu, cela fait référence avant tout à sa nature divine. Et signifie littéralement « il vient de Dieu ou né de Dieu ». Jean8 :14, 42. Nous savons tous que le fils, reçois automatiquement la nature de son père. Car le petit du serpent est aussi un serpent, le petit du lion est un lion. Ils ont la même nature. D'où en l'appelant fils de Dieu cela sous-entend directement qu'il est Dieu. Aussi cette appellation du fils de Dieu, renferme la fonction du sauveur. Dieu pour sauver, il utilisait des prophètes, des hommes. Donc, un prophète c'est un sauveur. Or, un prophète est un envoyé de Dieu. Et le fils de Dieu est venu comme un envoyé. Donc, le nom du fils de Dieu, c'est Dieu qui vient comme prophète. Personne ne peut voir Dieu et vivre, ainsi avait dit le Seigneur à Moïse. Dieu, dans sa souveraineté, a voulu sauvé le monde par la faiblesse. Une grande partie d'Israël n'a pas été sauvé à cause de l'ignorance du messie. Jésus était apparu comme un simple homme sur la terre, il était né physiquement comme tout homme. Les Juifs voyaient en cette naissance de Jésus, une faiblesse. Etant donné que tout homme est naturellement faible. *Esaïe53 :2-3 « il s'est élevé devant lui comme une faible plante, comme un rejeton qui sort d'une terre desséchée ; il n'avait pas ni beauté ni éclat pour attirer nos regards, et son aspect n'avait rien pour nous plaire. Méprisé et abandonné des hommes, homme de douleur et habitué à la souffrance, semblable à celui dont on détourne le visage, nous l'avions dédaigné, nous n'avons fait de lui aucun cas »*.

Jean 3 :18

Celui qui croit en lui n'est point jugé ; mais celui qui ne croit pas est déjà jugé, parce qu'il n'a pas cru au nom du fils unique de Dieu.

En croyant en lui comme fils de Dieu, directement vous le reconnaissait comme sauveur et Seigneur. Car selon l'écriture, c'est le fils qui a le droit de sauver et de juger. Jean5 :22 « le père ne juge personne, mais il a remis tout jugement au fils » ; Et en croyant ainsi, l'écriture d'Esaïe s'accomplit :

Esaïe 9 :6

Car un enfant nous est né, un fils nous est donné, et la domination reposera sur son épaule ; on l'appellera admirable, conseiller, Dieu puissant, père éternel, prince de paix.

En utilisant le terme naître, nous voyons une naissance normale celle qui vient de la femme. Jésus est né comme tout enfant normal, il est né d'une femme. Une femme a mis au monde un enfant. Pour confirmer que cet enfant vient du Ciel, on dit : « un fils nous ai donné », ici, ce n'est plus Marie qui nous donne le fils mais c'est Dieu selon Jean3 :16. Le verbe donner fait référence au sacrifice pour le salut de l'humanité. Dieu offre, il fait un sacrifice pour l'humanité. Dieu n'a pas sacrifié un enfant mais un fils. Quand on parle d'un enfant et d'un fils, la différence c'est par rapport à l'âge. Un fils, c'est l'âge de la maturité, l'âge adulte. Jésus est mort en étant adulte comme un sacrifice expiatoire, c'est aussi pour accomplir l'écriture. Nous voyons que dans l'histoire des enfants d'Israël en Egypte, c'est un agneau ou un chevreau âgé d'un an qui avait été sacrifié, donc un animal mature. Et l'écriture donne la nature cachée de ce fils qui devrait mourir en l'appelant : **admirable, conseiller, Dieu puissant, père éternel, prince de paix**. Donc, il est clairement indiqué que le créateur est mort pour ses créature tout en prenant la forme d'un homme. Il s'est ressemblé à l'homme pour le sauver de la mort. L'ange apparut à Joseph, lui affirma que c'est Jésus qui est le sauveur Matthieu1 :21. Or, nous savons qu'en dehors de Dieu, il n'y a point de sauveur Esaïe43 :11. La foule ne croyait pas en Christ mais plutôt, elle croyait aux miracles que Christ faisait. *Jean6 :2 « une grande foule le suivait, parce qu'elle voyait les miracles qu'il opérait sur les malades ».* Donc la foule le suivait pour des miracles et parfois, parce qu'elle mangeait. Il n'y avait rien de la foi en Dieu. Le Seigneur lui-même en avait fait ce constat et il avait dénoncé : *Jean6 :26 « Jésus leur répondit : en vérité, en vérité, je vous le dis, vous me cherchez non parce que vous avez vu les miracles, mais parce que vous avez mangé des pains et que vous avez été rassasiés ».* Cette manière de le suivre, n'amène pas au salut. Plusieurs prédicateurs présentent Jésus au monde simplement comme un faiseur des miracles (celui qui donne le mariage, voyage, richesse, à manger et à se vêtir, etc.) c'est pourquoi les gens ne sont pas sauvés. Pour être sauvé, il faut croire en Jésus comme fils de Dieu.

Jean 17 :3

Or, la vie éternelle, ce qu'ils te connaissent, toi, le seul vrai Dieu, et celui que tu as envoyé, Jésus-Christ.

Ce verset, parle clairement d'un seul vrai Dieu, d'où la thèse qui soutienne la trinité est diabolique. Dieu est unique *Esaïe45 :18 « car ainsi parle l'Éternel, le créateur des cieux, le seul*

Dieu, qui a formé la terre, qui l'a faite et qu'il a affermie, qui l'a créée pour qu'elle ne fût pas déserte, qu'il a formée pour qu'elle fût habitée : Je suis l'Éternel, et il n'y en a point d'autre ».

Comme il avait fait avec Israël en Egypte, il l'a sauvé par un homme « Moïse ». Et Moïse était un prophète envoyé de Dieu. Ainsi, la qualité du fils de Dieu, c'est la fonction du prophète. Donc Jésus aussi est venu comme un prophète, un envoyé de Dieu ; selon la promesse de l'Éternel dite par la bouche de Moïse : « c'est ce Moïse qui dit aux fils d'Israël : Dieu vous suscitera d'entre vos frères, un prophète comme moi Actes7 :37 » vous comprendrez que Christ a été annoncé avant tout par Moïse comme un prophète. Déuteronome18 :15,18. La foule l'appelait prophète : « Matthieu21 :11 la foule répondait : c'est Jésus, le prophète, de Nazareth en Galilée ». Jésus lui-même reconnait sa qualité du prophète, lorsqu'il dit : « mais Jésus leur dit : un prophète n'est méprisé que dans sa patrie, parmi ses parents, et dans sa maison, Marc6 :4 ». Il est fils de Dieu parce qu'il est né de Dieu. Jésus n'est pas né comme tout homme ordinaire, il est né de Dieu. Et étant né de Dieu, il a revêtu toutes les qualités de Dieu. Et cette appellation du fils de Dieu signifie directement « Dieu », car Dieu n'a pas une femme pour avoir des enfants, au ciel il n'y a pas une quelconque mère pour faire des enfants légitime à Dieu. Donc, lorsque quelqu'un est appelé fils de Dieu, ça veut dire que c'est Dieu incarné en l'homme. Fils à cause de la chair, mais par rapport à l'Esprit c'est Dieu dans sa totalité. C'est pourquoi les juifs cherchaient à lapider Jésus, parce qu'ils comprenaient par cette appellation du fils de Dieu, Jésus s'appelait directement « Dieu ». Et par rapport à cela c'était un blasphème, Matthieu26 :65. Les scribes et les pharisiens étaient scandalisés des paroles de Jésus chaque qu'il parlait. Et c'étaient des gens instruits qui connaissaient les termes théologiques. Leur science a été troublée par la sagesse de Christ selon qu'il est écrit :

1Corinthiens 1 :19-21

Aussi est-il écrit :

Je détruirai la sagesse des sages,

Et j'anéantirai l'intelligence des intelligents.

Où est le sage ? Où est le scribe ? Où est le disputeur de ce siècle ? Dieu n'a-t-il pas convaincu de folie la sagesse du monde ? Car puisque le monde, avec sa sagesse, n'a point connu Dieu dans la sagesse de Dieu, il a plu à Dieu de sauver les croyants par la folie de la prédication.

Les gens intelligents, ceux qui étaient très instruit, étaient en scandale. Vous ne pouvez pas connaitre Christ avec votre logique humaine.

Jean 10 :33

Les juifs lui répondirent : ce n'est point pour une bonne œuvre que nous te lapidons, mais pour un blasphème, et parce que toi, qui es un homme, tu te fais Dieu.

Donc, les juifs comprenaient le langage du fils de Dieu qui signifie Dieu. C'est simplement à cause de la chair et de la naissance, qu'il porte le nom du fils.

▪ LA NAISSANCE DE JESUS FILS DE DIEU

Jésus est né différemment de tout homme sur la terre. Et sa naissance a été annoncée par des prophètes, en commençant par Jacob lorsqu'il bénissait ses enfants. Il avait annoncé la venue du Seigneur qu'il a appelé « Schilo » Genèse49 :10. En hébreu shiloh signifie « havre de paix ». Il est né d'une vierge et aussi par la puissance du Saint Esprit. Il est apparu différemment d'Adam le premier homme. Adam qui fut aussi appelé « fils de Dieu » car il n'avait ni un père physique ni une mère, mais il est né de Dieu. Le Seigneur a fait un corps et dans ce corps, il a déployé son Esprit (son souffle). Par cette naissance d'Adam, il était fils de Dieu. Mais sa faiblesse était par rapport à la chair qui venait de la terre. C'est pourquoi l'écriture dit : « le premier homme est terrestre ». Mais par rapport à Jésus, son corps n'a pas été formé de la terre ni de la semence de l'homme comme la naissance de tout homme ordinaire. Mais le corps de Jésus était formé par l'Esprit de Dieu lui-même dans le ventre de la vierge. Même Marie, n'a pas fait participer sa semence ou son ovule. Voici ce que l'ange dit à Marie : « **Luc1 :35 l'ange lui répondit : le Saint Esprit viendra sur toi, et la puissance du très haut te couvrira de son ombre. C'est pourquoi le saint enfant qui naîtra de toi sera appelé fils de Dieu** ». Ce spectacle signifie « l'incarnation » ou Dieu prend la forme humaine. Ceci n'est pas une naissance normale. Une naissance normale nécessite la semence d'un homme et une femme. Mais Pour Adam, cela n'est pas l'incarnation mais juste l'homme rempli de l'Esprit de Dieu qui lui confère cette qualité du fils. Car tout homme rempli de l'Esprit de Dieu, est fils de Dieu.

1Corinthiens 15 :47

Le premier homme, tiré de la terre, est terrestre ; le second homme est du ciel.

Il est du ciel, parce que son corps même n'avait rien de la terre. Ce qui fait de lui Dieu dans la chair humaine. Si Joseph avait participé à la naissance de Jésus, il serait pécheur comme tout homme normal. Car tout celui qui est né d'un homme et d'une femme est pécheur ; or, Jésus dès sa naissance, l'ange l'appelle : **saint enfant**. Pour confirmer que Marie n'a pas reçu une semence d'un homme. Tout de lui était céleste ou divine. Car l'écriture de **« Job 14 :4 Comment d'un être souillé sortira-t-il un homme pur ? Il n'en peut sortir aucun ».**

- **Détruire les œuvres du diable**

Donc en sa qualité de fils de Dieu, il est venu pour détruire les œuvres du diable 1Jean3 :8, et ces œuvres sont : **le péché** et **le pouvoir** de la mort. Le diable est l'auteur du mal, c'est pourquoi on l'appelle « le malin ». En Dieu, il n'existe pas le mal, il est la source du bien. Le mal ou le péché a permis à la mort d'entrer dans le monde. L'écriture dit : le salaire du péché c'est la mort. Et cette mort ne concerne en rien Dieu, car il demeure Eternel. La mort concerne les humains, selon que c'est écrit :

Hébreux 9 :27

Et comme il est réservé aux hommes de mourir une seule fois, après quoi vient le jugement,

Le Christ dans sa mission de sauver l'homme du péché, l'a également épargné de la mort et de la puissance de la mort. La mort a été vaincu par Christ et tous ceux qui croient en lui, sont également des vainqueurs.

1 Corinthiens 15 :55

O mort, où est ta victoire ? O mort, où est ton aiguillon ?

Par cette victoire, l'Eglise a été rendue capable de vaincre la mort et Satan. Donc, la victoire sur le péché et sur la mort, c'est une victoire contre Satan. Donc, Satan est vaincu par le fils de Dieu et par l'Eglise. Comme le problème de la mort était humain, pour régler ça, il faudrait un homme. C'est pourquoi, il n'est pas descendu comme Dieu mais comme un homme pour résoudre le problème en étant dans la même situation que l'homme.

L'aiguillon de la mort, c'est le péché ; et la puissance du péché, c'est la loi.

Il est venu pour résoudre les réalités humaines, dans la même peau que l'homme. Comme c'est par le péché que la mort a régné, il fut aussi exposé au péché sans pour autant pécher. Ainsi, Jésus a vaincu le péché en étant homme et non Dieu. Car l'écriture dit clairement que Dieu ne peut être tenté par le mal. D'où cette tentation à laquelle Jésus a été exposé, prouve à suffisance qu'il était un homme. Et la victoire de l'Eglise sur la mort sera accomplie au jour de l'enlèvement où ce corps mortel sera complétement détruit et que nous allons porter notre domicile céleste qui est le corps incorruptible et immortel.

1 Corinthiens 15 :54

Lorsque ce corps corruptible aura revêtu l'incorruptibilité, et que ce corps mortel aura revêtu l'immortalité, alors s'accomplira la parole qui est écrite :

La mort a été engloutie dans la victoire.

. « Celui qui confessera que Jésus est fils de Dieu, Dieu demeure en lui et lui en Dieu 1Jean4 :15 » en le faisant triomphé du monde 1Jean5 :5.

- **Prophète de Dieu**

Hébreux 1 :1-3

Après avoir autrefois, à plusieurs reprises et de plusieurs manières, parlé à nos pères par les prophètes, Dieu, dans ces derniers temps, nous a parlé par le Fils, qu'il a établi héritier de toutes choses, par lequel il a aussi créé le monde, et qui, étant le reflet de sa gloire et l'empreinte de sa personne, et soutenant toutes choses par sa parole puissante, a fait la purification des péchés et s'est assis à la droite de la majesté divine dans les lieux très hauts.

C'est parce que tous les prophètes avaient échoué, que Christ est venu comme prophète de Dieu. Donc selon cette écriture de Hébreux1, le fils c'est la voix et la bouche de Dieu. Or, la bouche de Dieu c'est un prophète, un messager de Dieu. Fils de Dieu est venu comme prophète de Dieu, car ayant été envoyé. Un envoyé c'est un prophète. Or Jésus entant que fils, l'écriture dit il a été envoyé et lui-même confirme :

Matthieu 15 :24

Il répondit : Je n'ai été envoyé qu'aux brebis perdues de la maison d'Israël.

En venant comme prophète, il est venu comme Moïse, pourquoi avant tout comme Moïse ? c'est pour établir une autre alliance entre Dieu et les hommes.

Actes 3 :22

Moïse a dit : Le Seigneur votre Dieu vous suscitera d'entre vos frères un prophète comme moi ; vous l'écouterez dans tout ce qu'il vous dira.

Jusqu'au temps où Christ s'est manifesté, l'alliance établie par Moïse subsistait. Moïse en disant : vous l'écouterez, il a automatiquement déclaré la fin de sa mission, par la venue d'un autre comme lui. C'est pourquoi l'écriture dit :

Rom 10 :4

Car Christ est la fin de la loi, pour la justification de tous ceux qui croient.

Et il est venu remplacer cette alliance car n'ayant pas fait parvenir l'homme à la perfection. La fin de la loi veut dire aussi la fin de Moïse, car Moïse représente la loi et Christ représente la grâce. Etant donné que le peuple n'a pas obéi à la loi, il faudrait autre chose pour l'amener à l'obéissance.

Car la loi a été donnée par Moïse, la grâce et la vérité sont venues par Jésus-Christ.

L'imperfection de cette alliance Mosaïque, c'était l'éloignement du peuple avec leur Dieu. Tandis que par Christ, Dieu a accepté de vivre avec les hommes. Dans la loi c'était : Moïse, Aaron et les sacrificateurs seuls qui s'approchaient librement de Dieu. Et les peuples restaient loin. Il y avait un voile qui séparait le lieu saint et le lieu très saint.

Hébreux 8 :7

En effet, si la première alliance avait été sans défaut, il n'aurait pas été question de la remplacer par une seconde.

L'établissement de l'alliance se faisait par le prophète mais inauguré par le sang. Et ceux qui offrent des victimes, ce sont des sacrificateurs (Aaron). Donc il faut qu'il y est aussi Aaron.

- **Conférer aux hommes l'identité des enfants légitimes de Dieu**

Dans sa casquette du fils, il est venu pour donner la vie aux hommes, cette vie c'est le salut et en faire d'eux, des enfants propres à Dieu ce que Moïse n'a pas pu faire pendant la loi. Donc, il est venu réconcilier les enfants et leur père. Voilà l'image lors de la transfiguration : **« Matthieu 17 :3 Et voici, Moïse et Élie leur apparurent, s'entretenant avec lui »**.

Moïse c'est le rôle d'établir une alliance mais Elie c'est le ministère de la réconciliation. Car lors de la révolte, c'est Elie qui ramena Israël à se réconcilier avec Dieu.

1roi 18 :21

Alors Élie s'approcha de tout le peuple, et dit : Jusqu'à quand clocherez-vous des deux côtés ? Si l'Éternel est Dieu, allez après lui ; si c'est Baal, allez après lui ! Le peuple ne lui répondit rien.

Elie avait la charge de ramener Israël à Dieu, et c'est exactement Christ qu'il a accompli. Donc Jésus est venu aussi comme Elie pour réconcilier le peuple.

Ephésiens 2 :14-16

Car il est notre paix, lui qui des deux n'en a fait qu'un, et qui a renversé le mur de séparation, l'inimitié, ayant anéanti par sa chair la loi des ordonnances dans ses prescriptions, afin de créer en lui-même avec les deux un seul homme nouveau, en établissant la paix, et de les réconcilier, l'un et l'autre en un seul corps, avec Dieu par la croix, en détruisant par elle l'inimitié.

Il est venu donner l'identité d'enfant de Dieu à quiconque croit en lui.

Jean 1 :12-13

Mais à tous ceux qui l'ont reçue, à ceux qui croient en son nom, elle a donné le pouvoir de devenir enfants de Dieu, lesquels sont nés, non du sang, ni de la volonté de la chair, ni de la volonté de l'homme, mais de Dieu.

Il est venu pour faire comprendre aux hommes en leur donnant la connaissance sur le véritable Dieu. Car plusieurs adoraient des statues, des faux dieux croyant servir le Dieu véritable. Voilà le rôle et l'image d'Elie qu'il a porté en son temps. Elie était le prophète avec le mandat de faire retourner Israël à Dieu tout en lui montrant le véritable Dieu.

B. JESUS FILS DE L'HOMME

Cette appellation du fils de l'homme signifie qu'il porte aussi la même nature que l'homme, il a décidé ainsi pour un but. Nous savons que Dieu est Esprit, il est aussi la parole

Jean1 :1. La parole est Esprit et personne ne peut la toucher ni la voir mais c'est possible de l'entendre. Cette parole se décide de porter la chair humaine afin d'habiter parmi les hommes Jean1 :14. En devenant homme, il est venu comme un serviteur. Et il vient accomplir les fonctions sacerdotales. Donc il est venu comme Aaron, car les hommes ont lamentablement échoué dans le sacerdoce de Lévi. Lévi est serviteur de Dieu attaché au temple de Dieu. Il travaillait dans le temple pour la sanctification du peuple de Dieu. Donc, Jésus homme est un Lévite et un sacrificateur. Il est venu sanctifier le peuple comme faisait les sacrificateurs selon qu'il est écrit : « Éphésiens 5:26 afin de la sanctifier par la parole, après l'avoir purifiée par le baptême d'eau ». Ce rôle, ce sont des sacrificateurs qui le faisait.

➢ MISSION DU FILS DE L'HOMME

- ### • Souverain sacrificateur et sacrificateur

Hébreux 8 :1-2

Le point capital de ce qui vient d'être dit, c'est que nous avons un tel souverain sacrificateur, qui s'est assis à la droite du trône de la majesté divine dans les cieux, comme ministre du sanctuaire et du véritable tabernacle, qui a été dressé par le Seigneur et non par un homme.

Le souverain sacrificateur avait pour mission de :

- Présenter les offrandes et les sacrifices

Hébreux 8:3

Tout souverain sacrificateur est établi pour présenter des offrandes et des sacrifices ; d'où il est nécessaire que celui-ci ait aussi quelque chose à présenter.

- **Plaider le pardon du peuple**

Hébreux 9 :6-8

Or, ces choses étant ainsi disposées, les sacrificateurs qui font le service entrent en tout temps dans la première partie du tabernacle ; et dans la seconde le souverain sacrificateur seul entre une fois par an, non sans y porter du sang qu'il offre pour lui-même et pour les péchés du peuple. Le Saint-Esprit montrait par-là que le chemin du lieu très saint n'était pas encore ouvert, tant que le premier tabernacle subsistait.

- **Médiateur ou intercesseur :**

Cette appellation du fils de l'homme, lui donne la fonction du sacrificateur en même temps souverain sacrificateur. Dans le but d'être **un médiateur** entre Dieu et les hommes ;

1Tim 2 :5

Car il y a un seul Dieu, et aussi un seul médiateur entre Dieu et les hommes, Jésus-Christ homme.

Et lorsque Abraham rencontra Melchisédek, l'écriture de Hébreux nous informe que c'était Christ.

Hébreux 7 :1-3

En effet, ce Melchisédek, roi de Salem, sacrificateur du Dieu Très-Haut, qui alla au-devant d'Abraham lorsqu'il revenait de la défaite des rois, qui le bénit, et à qui Abraham donna la dîme de tout, qui est d'abord roi de justice, d'après la signification de son nom, ensuite roi de Salem, c'est-à-dire roi de paix, qui est sans père, sans mère, sans généalogie, qui n'a ni commencement de jours ni fin de vie, mais qui est rendu semblable au Fils de Dieu, ce Melchisédek demeure sacrificateur à perpétuité.

Or un médiateur c'est aussi un intercesseur, faire la médiation, c'est parler en faveur de, c'est se faire un pont entre deux personnes. Intercéder c'est plaider la cause des autres.

Actes7 :55-56

Mais Etienne, rempli du Saint Esprit, et fixant les regards vers le ciel, vit la gloire de Dieu et Jésus débout à la droite de Dieu et il dit : voici, je vois les cieux ouverts, et le fils de l'homme debout à la droite de Dieu.

Donc Jésus en devenant homme, il joue le rôle du médiateur entre Dieu et les hommes. La médiation des hommes était inefficace. Ainsi Dieu en a décidé autrement de faire un médiateur qui sera capable de défendre la cause de l'homme. C'est aussi le travail d'un avocat, Jésus comme intercesseur joue pleinement le rôle d'un avocat devant Dieu en faveur des hommes. C'est pourquoi il était nécessaire qu'il vienne dans la même nature que l'homme afin de participer aux faiblesses humaines.

Hébreux 9 :24

Car Christ n'est pas entré dans un sanctuaire fait de main d'homme, en imitation du véritable, mais il est entré dans le ciel même, afin de comparaître maintenant pour nous devant la face de Dieu.

Il est avocat des hommes, parce qu'il s'est fait homme. C'est pourquoi l'écriture met en exergue le terme « **Jésus-Christ homme** ».

1Jean2 :1

Mes petits-enfants, je vous écris ces choses, afin que vous ne péchiez point. Et si quelqu'un a péché, nous avons un avocat auprès du père, Jésus-Christ le juste.

La position de Christ d'être à la droite de Dieu. C'est par rapport à ce rôle de médiateur qu'il occupe cette position. Jésus fait cette intercession par son Esprit (le Saint Esprit) c'est pourquoi par rapport à l'intercession, le Saint Esprit joue le même rôle que Jésus, pour nous prouver que Jésus et le Saint Esprit ne sont pas deux personnes différentes mais une seule personne. « **Romain8 :26 : de même aussi l'Esprit nous aide dans notre faiblesse, car nous ne savons pas ce qu'il nous convient de demander dans nos prières. Mais l'Esprit lui-même (le Saint Esprit) intercède par des soupirs inexprimables ; et celui qui sonde les cœurs connaît quelle est la pensée de l'Esprit, parce que c'est selon Dieu qu'il intercède en faveur des saints »**. Et Jésus est le médiateur pour confirmer ce qu'il avait dit : « **je suis le chemin, la vérité et la vie. Nul ne vient au père que par moi Jean14 :6 »** ici, il annonçait déjà son rôle de médiateur. Il est le passage obligé pour voir et connaitre Dieu. Il est le pont qui relie Dieu et les hommes. Et dans le temps passé, ce sont des souverains sacrificateurs qui faisaient d'office le médiateur entre Dieu et les hommes. En dehors de lui, n'espérez en aucun cas connaitre Dieu ni le voir. Mais à cause de la faiblesse, cette fonction a été arrachée aux hommes. Puisque le médiateur homme pouvait mourir et être remplacé. Ainsi donc, Jésus se fait un médiateur éternel, un souverain sacrificateur établi sur l'Église éternellement. « **Romain 8 :34 : qui les condamnera ? Christ est mort, bien plus il est ressuscité, il est à la droite de Dieu, et il intercède pour nous ! »**. C'est à cause de cette position débout que l'Église est victorieuse devant le diable et ses démons. Car un intercesseur est celui qui se tient débout chaque fois devant Dieu pour défendre la cause des autres. Comme des prophètes de l'ancien temps, ils étaient établis comme des intercesseurs (médiateurs) entre Dieu et les hommes. Ils étaient les sentinelles du peuple de Dieu. Jérémie7 :16 ; 11 :14 ; 14 :11 ; 27 :18 ; 37 :3 ; 42 :2,20. Et cette intercession de Jésus est intervenu depuis sa mort à la croix. Cette mort était pour dire : il a pris la place des hommes…Esaïe53 :12.

Hébreux 7 :25

C'est aussi pour cela qu'il peut sauver parfaitement ceux qui s'approchent de Dieu par lui, étant toujours vivant pour intercéder en leur faveur.

Les prophètes et le souverain sacrificateur avaient lamentablement failli à leurs missions, et Dieu décide d'intervenir lui-même et il a fait par Jésus-Christ.

La vérité a disparu, et celui qui s'éloigne du mal est dépouillé. L'Éternel voit, d'un regard indigné, qu'il n'y a plus de droiture. Il voit qu'il n'y a pas un homme, il s'étonne de ce que personne n'intercède ; alors son bras lui vient en aide, et sa justice lui sert d'appui.

Cette écriture montre clairement que Dieu lui-même est venu pour remplacer la défaillance humaine par rapport à l'intercession. Le salut des hommes passait que par l'intercession des hommes de Dieu. Comme le cas de lot et sa famille, ils devraient périr ensemble avec les habitants des Sodome et Gomorrhe mais Abraham a intercédé pour lui ; ainsi cette intercession d'Abraham sauva la vie de lot et de sa famille. Et l'écriture d'Esaïe nous montre que les serviteurs de Dieu n'intercédaient plus pour des pécheurs ; alors Dieu décida d'établir un autre intercesseur éternel, Jésus-Christ homme. Donc, en venant comme souverain sacrificateur, il est venu comme Aaron. Aaron c'est le serviteur et le ministre du tabernacle, donc il était comme le chef et la tête du tabernacle terrestre. Mais Christ est chef sur le tabernacle céleste qui est son Eglise.

• LE SACRIFICE ET L'OFFRANDE

Christ est venu lui-même comme un sacrifice et une offrande pour le salut de l'humanité. Comme sacrifice, il est venu comme Joseph. Donc, le mouvement de Joseph dans les écritures saintes, était l'ombre de ce que Christ devrait accomplir. Ses frères l'ont haï et vendu aux étrangers. Accusé faussement puis jeté en prison, enfin de compte malgré toutes ses souffrances, Joseph a accordé le pardon à ses frères. Et déclare clairement que toutes ces souffrances-là étaient pour leur salut. Il était le type ou l'image de Christ qui devrait souffrir innocemment, frappé, flagellé puis jeter en prison comme un brigand. Cependant qu'il n'avait commis aucune faute. En venant comme Isaac, il est un agneau pour le sacrifice.

Abram a conduit son fils Isaac, sur une montagne pour être sacrifié et Isaac n'avait pas résisté et ni crié.

Jésus est venu aussi comme Abel pour présenter à Dieu un sacrifice agréable. Donc, tous les sacrifices qui se présentaient avant étaient des sacrifices de Caïn. Et nous comprenons en même temps que Caïn était un sacrificateur tout comme Abel son frère. Caïn est l'image des serviteurs venus avant Christ ; leurs sacrifices et leurs offrandes n'étaient pas agréés. Et David avait compris lorsqu'il déclare :

Donc c'étaient des sacrifices des Caïn, car le Seigneur n'en voulait plus selon l'écriture d'Esaïe1 :11. Par-là, Dieu cherchait quelque chose de meilleur, de parfait. Le sacrifice qui ne devrait pas simplement accorder le pardon mais l'oublie total. Chose qui était impossible avec les sacrifices du temps de la loi.

Osée 8 :13

Ils immolent des victimes qu'ils m'offrent, Et ils en mangent la chair : L'Éternel n'y prend point de plaisir. Maintenant l'Éternel se souvient de leur iniquité, Et il punira leurs péchés : Ils retourneront en Égypte.

De la même façon, Dieu agréa le sacrifice d'Abel et rejeta celui de Caïn, Jésus est venu comme Abel. Et Dieu agréa son offrande. Et il a présenté un sacrifice qui parle, le sacrifice d'Abel Hébreu12 :24. L'écriture atteste que l'offrande d'Abel était plus excellent.

Hébreux 11 :4

C'est par la foi qu'Abel offrit à Dieu un sacrifice plus excellent que celui de Caïn ; c'est par elle qu'il fut déclaré juste, Dieu approuvant ses offrandes ; et c'est par elle qu'il parle encore, quoique mort.

Un seul sacrifice et Dieu agréé et tous ceux qui croient en ce sacrifice, Dieu le déclare justes comme Abel.

Hébreux 10 :14

Car, par une seule offrande, il a amené à la perfection pour toujours ceux qui sont sanctifiés.

C. JESUS FILS DE DAVID

Cette appellation est attachée avant tout à la tribu dans laquelle le messie devrait naître selon les prophètes. Il a été annoncé qu'un roi naitrait de Judas et aussi comme prophétiquement la royauté est symbolisée par « **le lion** », Judas a été appelé par son père « **un jeune lion** », donc de la race des rois. C'est dans cette famille que plusieurs rois d'Israël venaient, et David fut le premier roi de cette tribu de Juda selon la promesse ; D'où est venu le Christ. C'est pourquoi Jésus est appelé « **le lion de la tribu de Judas** »,

« **le rejeton de David** » **apocalypse5 :5**. Fils de David aussi c'est par rapport à son règne comme roi dans le millénium après l'enlèvement de l'Église et la repentance d'Israël. Donc fils de David pour signifier **« roi »,** le fils du roi est avant tout un prince : c'est pourquoi il est nommé **« prince de paix »**. Il viendra pour établir la paix dans le monde après avoir sauvé celui-ci de la mort et du péché. Il viendra en roi et il régnera. Aujourd'hui comme vous pouvez constater, Jésus n'est pas roi du monde. Car, ce n'est pas lui qui gouverne mais ce sont des hommes qui le font. Et même spirituellement, c'est le diable qui est maître ou roi de ce monde actuel.

1Jean 5 :19

Nous savons que nous sommes de Dieu, et que le monde entier est sous la puissance du malin.

Toutes ces fonctions reviennent au fils qui a la nature humaine pour régner au milieu des hommes. Et Jésus sera pleinement le roi des rois et le Seigneur des seigneurs au temps du millénium 1timothée6 :14-16.

Apocalypse19 :15-17

De sa bouche sortait une épée aiguë, pour frapper les nations ; il les paîtra avec une verge de fer ; et il foulera la cuve du vin de l'ardente colère du Dieu tout-puissant. Il avait sur son vêtement et sur sa cuisse un nom écrit : Roi des rois et Seigneur des seigneurs.

Jésus fils de David, il s'agit d'une prophétie du millénium et ça été aussi annoncé par l'ange à Marie :

Luc 1 :30-33

L'ange lui dit : Ne crains point, Marie ; car tu as trouvé grâce devant Dieu. Et voici, tu deviendras enceinte, et tu enfanteras un fils, et tu lui donneras le nom de Jésus. Il sera grand et sera appelé Fils du Très-Haut, et le Seigneur Dieu lui donnera le trône de David, son père. Il régnera sur la maison de Jacob éternellement, et son règne n'aura point de fin.

L'ange a annoncé un très grand message qui sera accompli dans le millénium après l'enlèvement de l'Eglise. Et la fonction du roi, c'est pour achever la mission du salut jusqu'à la destruction du dernier ennemi, le diable qui est aussi l'image de la mort. C'est en étant roi des rois qu'il vaincra officiellement le diable. Ça ne sera plus à la croix mais cette fois-ci par un combat dans le lieu appelé **Harmaguédon** Apocalypse16 :14-17. Et le diable sera libre pour mille ans puis viendra le temps de Gog et Magog et ça sera la fin du diable et ses acolytes.

Apocalypse 20 :7-10

Quand les mille ans seront accomplis, Satan sera relâché de sa prison. Et il sortira pour séduire les nations qui sont aux quatre coins de la terre, Gog et Magog, afin de les rassembler pour la guerre ; leur nombre est comme le sable de la mer. Et ils montèrent sur la surface de la terre, et ils investirent le camp des saints et la ville bien-aimée. Mais un feu descendit du ciel, et les dévora. Et le diable, qui les séduisait, fut jeté dans l'étang de feu et de soufre, où sont la bête et le faux prophète. Et ils seront tourmentés jour et nuit, aux siècles des siècles.

- **Juger le monde**

Il jugera le monde dans sa qualité du fils de l'homme et aussi comme fils de David, comme roi. Matthieu19 :28, Actes17 :31.

Romain2 :16

C'est ce qui paraîtra au jour où, selon mon Évangile, Dieu jugera par Jésus-Christ les actions secrètes des hommes.

En définitive, de la même façon il s'était dépouillé de sa gloire comme Dieu, il va également quitter toutes ces qualificatifs (fils de Dieu, fils de l'homme et fils de David). Là, il sera Dieu de toute la terre et ici sera confirmé le titre d'Emmanuel, car il sera avec les hommes tout le jour.

1Corinthiens15 :24-28

Ensuite viendra la fin, quand il remettra le royaume à celui qui est Dieu et Père, après avoir détruit toute domination, toute autorité et toute puissance. Car il faut qu'il règne jusqu'à ce qu'il ait mis tous les ennemis sous ses pieds. Le dernier ennemi qui sera détruit, c'est la mort. Dieu, en effet, a tout mis sous ses pieds. Mais lorsqu'il dit que tout lui a été soumis, il est évident que celui qui lui a soumis toutes choses est excepté. Et lorsque toutes choses lui auront été soumises, alors le Fils lui-même sera soumis à celui qui lui a soumis toutes choses, afin que Dieu soit tout en tous.

Ce verset ne signifie pas que Jésus n'était pas Dieu mais plutôt, c'est le dépouillement total de la nature humaine et le revêtement de sa nature de Dieu. Ayant tout accompli en étant un homme, cette casquette doit tomber. Et redeviendra dans sa nature de Dieu tout puissant. Il a laissé la place et l'appellation du fils à Adam, à l'homme qui était perdu. Cette fois-ci, c'est l'homme qui sera appelé fils et cela pour l'éternité.

Apocalypse 21 :3-7

Et j'entendis du trône une forte voix qui disait : Voici le tabernacle de Dieu avec les hommes ! Il habitera avec eux, et ils seront son peuple, et Dieu lui-même sera avec eux. Il essuiera toute larme de leurs yeux, et la mort ne sera plus, et il n'y aura plus ni deuil, ni cri, ni douleur, car les premières choses ont disparu. Et celui qui était assis sur le trône dit : Voici, je fais toutes choses nouvelles. Et il dit : Écris ; car ces paroles sont certaines et véritables. Et il me dit : C'est fait ! Je suis l'alpha et l'oméga, le commencement et la fin. A celui qui a soif je donnerai de la source de l'eau de la vie, gratuitement. Celui qui vaincra héritera ces choses ; je serai son Dieu, et il sera mon fils.

III. EXPLICATION DU PERE, FILS ET SAINT-ESPRIT

La question que plusieurs se posent, comment un fils peut-il être encore appelé père ? 1Jean5 :20-21, cette écriture nous confirme que c'est lui-même le Dieu véritable et la vie éternelle. Cette question du père, fils et Saint-Esprit a été mal interprété pensant qu'il existe trois personnes en Dieu. Et ils ont évoqués la notion de la trinité. C'est simplement l'ignorance et manque de révélation concernant père, fils et Saint-Esprit. Dieu est seul et unique, en lui, il n'y a pas une association des personnes pour en faire un Dieu.

a. QUI EST LE PERE

Dieu prend cette appellation du père, pour faire comprendre à l'homme la place qu'il occupe devant lui. Il est père et nous sommes ses fils et filles. Père pour nous dire qu'il ne nous a pas seulement créé mais engendré. Par cette appellation du père, nous comprenons que nous sommes réellement à son image et à sa ressemblance. C'est nous (les hommes) qui l'appelons « **père** » Ce ne sont pas des anges. Père signifie aussi il est la source de notre existence. Un père est celui qui a des enfants.

Hébreux 1 :5

Car auquel des anges Dieu a-t-il jamais dit : Tu es mon Fils, Je t'ai engendré aujourd'hui Et encore : Je serai pour lui un père, et il sera pour moi un fils ?

Voyez-vous ? cette écriture montre clairement que les anges ne l'appellent pas père. Les anges occupent la place des serviteurs de Dieu, des envoyés de Dieu, des missionnaires. C'est pourquoi tout missionnaire et envoyé de Dieu est considéré comme un ange de Dieu à cause de la mission. Les anges sont des serviteurs de Dieu, ils sont jour et nuit à son service.

Hébreux1 :14

Ne sont-ils pas tous des esprits au service de Dieu, envoyés pour exercer un ministère en faveur de ceux qui doivent hériter du salut ?

C'est clair que les anges sont des serviteurs de Dieu et non ses propres enfants. Mais pour l'homme, Dieu le fait son fils. Et vous comprendrez que Adam était le fils ainé de Dieu. Et en étant fils, il était l'héritier de Dieu. C'est pourquoi Dieu lui a confié la gestion de tous ses biens.

Genèse 1 :26

Puis Dieu dit : Faisons l'homme à notre image, selon notre ressemblance, et qu'il domine sur les poissons de la mer, sur les oiseaux du ciel, sur le bétail, sur toute la terre, et sur tous les reptiles qui rampent sur la terre.

En le créant à son image, il l'a fait son propre enfant, son propre fils. Car le fils porte l'image et la ressemblance de son père. Ce verset montre que dès le commencement, Dieu était un père pour l'homme. Les animaux ne sont pas ses enfants ni les poissons ou les anges. Voilà l'origine du nom du père que l'écriture donne à Dieu. L'homme à cause du péché avait perdu cette nature qui faisait de lui fils de Dieu. En devenant pécheur, l'homme est devenu fils du malin. C'est pourquoi Jésus disait aux juifs :

Jean 8 :44

Vous avez pour père le diable, et vous voulez accomplir les désirs de votre père. Il a été meurtrier dès le commencement, et il ne se tient pas dans la vérité, parce qu'il n'y a pas de vérité en lui. Lorsqu'il profère le mensonge, il parle de son propre fonds ; car il est menteur et le père du mensonge.

L'homme à cause de sa condition du péché a maintenant pour père, le diable. Ici, Jésus appelle le diable père. Est-ce que devient-il aussi Dieu ? non. Le fait que le diable a engendré des gens de la même nature que lui, il devient leur père. Donc, l'appellation du père n'est pas un nom de Dieu mais sa place, son rôle dans la vie de l'homme. Il est père, car il est responsable de sa vie entière. Il prend soin de lui ; il le vêtu, le nourri et le garde. Voilà le rôle que Dieu joue, celui d'un père.

Esaïe 1 :2

Cieux, écoutez ! Terre, prête l'oreille !

Car l'Éternel parle.

J'ai nourri et élevé des enfants,

Mais ils se sont révoltés contre moi.

Elever et nourrir, voilà le rôle de celui qu'on appelle père. Et Dieu joue pleinement son rôle dans la vie de tous ses enfants. Et Dieu devient votre père que lorsqu'il vous donne pleinement son Esprit et que lui seul vous conduit. Là il est votre père car il vous prend complétement en charge.

Rom 8 :14

Car tous ceux qui sont conduits par l'Esprit de Dieu sont fils de Dieu.

Ce n'est pas étonnant que Jésus soit appelé fils de Dieu car ayant été rempli de l'Esprit en étant un homme. Jésus est né totalement rempli de l'Esprit de l'Esprit.

b. QUI EST LE FILS

Jésus est appelé fils de Dieu, la première raison puisqu'il est rempli de l'Esprit de Dieu. Et cette appellation ne concerne pas Jésus seulement mais tous ceux qui sont rempli et conduit par l'Esprit de Dieu romain8 :14.

Luc 4 :1

Jésus, rempli du Saint-Esprit, revint du Jourdain, et il fut conduit par l'Esprit dans le désert.

Voilà ce qui lui confère la qualité du fils avant tout, ce qu'en étant humain mais il se laisser conduire par l'Esprit et non par ses sens. Le fils ce n'est pas un nom de Dieu mais sa position en Dieu. Et le rôle qu'il joue pour le salut de l'humanité. Sachez avant tout que Dieu avait pour fils « **Adam** » dès le commencement. Mais Adam avait perdu cette position de fils, d'où pour lui remettre à sa position, il aurait fallu un autre homme pour vaincre ce que Adam n'a pas vaincu, le péché. C'est pourquoi en appelant Jésus fils de Dieu, il est Adam(homme) mais la seule différence ce que lui vient du Ciel directement.

1Corinthiens 15 :45

C'est pourquoi il est écrit : Le premier homme, Adam, devint une âme vivante. Le dernier Adam est devenu un esprit vivifiant.

Cette écriture, nous montre clairement que Jésus est venu comme le second Adam pour relever l'homme de sa chute et lui remettre à sa place du fils après avoir tout vaincre. Jésus comme fils, il a porté l'image d'Adam et est venu premièrement comme un serviteur pour accomplir ce que Moïse, Aaron et d'autres prophètes faisaient mais sans succès, lui est parvenu à vaincre Satan et rattaché l'homme à son Dieu. Ainsi par lui, tous ceux qui croient en son nom, Dieu l'appelle fils. Adam (l'homme) reprend sa place devant Dieu celui du fils de Dieu qui lui avait été ravi par Satan et Jésus a remis Adam (l'homme) dans son droit de fils. Et lui(Jésus) sera le père de toute l'humanité. Ça veut dire, selon le plan éternel de Dieu, c'est Adam(l'homme) l'héritier de tout ce qu'il a créé dans le monde. Mais à cause de sa faute, l'héritage du monde qui était à lui, lui a été ravis par le diable, alors il aurait fallu qu'un autre homme fort que le diable vienne lui arracher le pouvoir de dominer et de diriger.

Psaumes 8 :5-9

Qu'est-ce que l'homme, pour que tu te souviennes de lui ? Et le fils de l'homme, pour que tu prennes garde à lui ? Tu l'as fait de peu inférieur à Dieu, Et tu l'as couronné de gloire et de magnificence. Tu lui as donné la domination sur les œuvres de tes mains, Tu as tout mis sous ses pieds, Les brebis comme les bœufs, Et les animaux des champs, Les oiseaux du ciel et les poissons de la mer, Tout ce qui parcourt les sentiers des mers.

Cette écriture parle d'Adam restauré et rétabli dans ses droits, car l'écriture parle du souvenir de Dieu à l'homme. Dieu s'est souvenu de lui ça veut dire qu'il était oublié et rejeté. Donc, Jésus a pris le rôle du fils pour ressembler aux fils des hommes. (Réf : explication sur les rôles du fils ci-haut).

Jean 1 :1, 14

Au commencement était la parole, et la parole était avec Dieu, et la parole était Dieu. Et la parole a était faite chair, et elle a habité parmi nous, pleine de grâce et de vérité ; et nous avons contemplé sa gloire, une gloire comme la gloire du fils unique venu du père.

Cette écriture est très claire en ce qui concerne la divinité de Jésus-Christ et elle nous fait directement comprendre que Dieu s'est fait homme. Dieu incarné dans l'homme et nous l'appelons fils. Vous devez savoir que Dieu est unique, il n'y a pas trois différents personnages qui forment Dieu, non. La trinité est une notion qui est survenue par manque de compréhension de différentes facettes de Dieu. Ce n'est pas que le prophète Esaïe était ignorant de ce qu'il disait, non. En vérité, le fils a la même nature que le père. D'où, lui-même peut être appelé fils ou père.

- **Comment comprendre la collaboration père et fils ?**

Premièrement Jésus a dit :

Jean 10 :30

Moi et le Père nous sommes un.

Et puis, il leur dit encore :

Jean 14 :28(b)

Si vous m'aimiez, vous vous réjouiriez de ce que je vais au Père ; car le Père est plus grand que moi.

Jésus s'est-il contredit ? non loin de là, voici l'explication :

Premièrement Jésus parlait de l'unité et non de l'égalité ; L'unité n'est pas l'égalité. Il est un avec le père veut dire : le fils a la même nature que le père, il a la même matière. Et même logiquement parlant le fils a toujours la même nature que le père. Car le fils du serpent est un serpent, le fils du lion est un lion. Et le fils de Dieu est Dieu. Deuxièmement en parlant d'unité avec le père, il fait référence à la communion ou l'attachement, le père est attaché au fils tout comme le fils est attaché au père. Là où n'y a pas attachement, il n'y a pas non l'union ou l'unité. Troisièmement il fait référence à l'unicité dans l'action. Le fils fait tout comme le père, si le père donne la vie, le fils donne également la vie ; s'il sauve le fils pareillement : « **Jean 5 :21 Car, comme le Père ressuscite les morts et donne la vie, ainsi le Fils donne la vie à qui il veut** ». Par rapport à l'égalité, logiquement aucun fils ne peut être grand que son père. Et Jésus en prenant la place du fils, il est clair que le père est grand. Car le fils est l'image du serviteur tandis que le père est l'image du maitre. Aucun serviteur n'est égal à son maitre.

Jean 13 :16

En vérité, en vérité je vous le dis, le serviteur n'est pas plus grand que son Seigneur, ni l'apôtre plus grand que celui qui l'a envoyé.

Jésus est venu comme un apôtre, un envoyé, un serviteur obéissant et fidèle. Il est l'image de Moïse qui était fidèle dans toute la maison de Dieu.

Hébreux 3 :2,5-6

Jésus, qui a été fidèle à celui qui l'a établi, comme le fut Moïse dans toute sa maison. Pour Moïse, il a été fidèle dans toute la maison de Dieu, comme serviteur, pour rendre témoignage de ce qui devait être annoncé ; mais Christ l'est comme Fils sur sa maison ; et sa maison, c'est nous, pourvu que nous retenions jusqu'à la fin la ferme confiance et l'espérance dont nous nous glorifions.

C'est pourquoi il dit « le père est plus grand que moi », c'est parce qu'il s'est fait serviteur du père pour lui ramener des fils obéissants, c'est clair que lui-même devrait se montrer obéissant pour donner l'exemple d'une bonne relation entre père et fils.

Philippiens 2 :7-8

Mais s'est dépouillé lui-même, en prenant une forme de serviteur, en devenant semblable aux hommes ; et ayant paru comme un simple homme, il s'est humilié lui-même, se rendant obéissant jusqu'à la mort, même jusqu'à la mort de la croix.

Entant que des vrais fils de Dieu. Cette parole, nous enseigne à nous humilier et à obéir à tout ce que le père veut. Comprenez que Jésus est venu comme un envoyé, un prophète ou comme un apôtre. Par rapport à cette mission, il ne pouvait pas être l'égal du père. En cette dimension, il est homme. D'où l'appellation de « Jésus-

Christ homme ». L'écriture dit : « **je te répondrai qu'en cela tu n'as pas raison, car Dieu est plus grand que l'homme Job33 :12** » Jésus étant sur terre, il était un prophète. Sa qualité du père, était sa deuxième dimension cachée. C'est par humilité, qu'il a accepté pour un temps d'être un serviteur afin de sauver son peuple.

Philippiens 2 :6-7 (parole de vie)

Lui, il est l'égal de Dieu, parce qu'il est Dieu depuis toujours. Pourtant cette égalité, il n'a pas cherché à la garder à tout prix pour lui. Mais tout ce qu'il avait, il l'a laissé. Il s'est fait serviteur, il est devenu comme les hommes, et tous voyaient que c'était bien un homme.

Vous comprenez que, cette forme du serviteur qu'il a choisi était dans le but de venir sauver l'homme et unifier tout avec lui-même.

Colossiens 1 :20

Il a voulu par lui réconcilier tout avec lui-même, tant ce qui est sur la terre que ce qui est dans les cieux, en faisant la paix par lui, par le sang de sa croix.

Mais il est Dieu depuis toujours ! Ce n'est pas quelqu'un lui a imposé de venir mourir mais choisi par lui-même. Au Ciel il n'y a pas un père, un fils et un Saint esprit jouant le rôle de Dieu, ça n'a pas de sens. Père et fils ce ne sont pas des noms de Dieu mais des titres pour remplir des fonctions dans la vie des hommes.

c. SAINT ESPRIT

Le Saint Esprit n'est pas la troisième personne de la divinité, non. Le Saint Esprit on l'appelle aussi le souffle de Dieu qui donne la vie, l'être et le mouvement. Car sans le souffle, nous ne pouvons pas parler de la vie. Et le souffle donne le mouvement au corps tout entier. Voilà aussi le rôle de l'Esprit de Dieu.

Actes 17 :28

Car en lui nous avons la vie, le mouvement, et l'être. C'est ce qu'ont dit aussi quelques-uns de vos poètes : De lui nous sommes la race…

Toutes choses ont été créées par le souffle de Dieu, qu'on appelle aussi l'Esprit de Dieu. De la même façon l'homme a l'esprit en lui et cet esprit n'est pas une partie à part de sa personne. De même l'Esprit de Dieu est Dieu. Et l'Esprit de Dieu c'est la forme véritable de Dieu, car Dieu n'est pas un homme comme nous l'avions déjà noté. Dieu est Esprit selon les saintes écritures :

Jean 4 :24

Dieu est Esprit, et il faut que ceux qui l'adorent, l'adorent en esprit et en vérité.

Dieu est Esprit, voilà la forme de Dieu, Jésus en devenant homme, c'est cette forme d'Esprit qu'il a quittée. Car cette forme aucun homme ne peut voir ni toucher. Dieu dans sa forme d'Esprit, reste invisible. Quand il veut se montrer, il prend une autre forme.

Jean 14 :7-11

Si vous me connaissiez, vous connaîtriez aussi mon Père. Et dès maintenant vous le connaissez, et vous l'avez vu. Philippe lui dit : Seigneur, montre-nous le Père, et cela nous suffit. Jésus lui dit : Il y a si longtemps que je suis avec vous, et tu ne m'as pas connu, Philippe ! Celui qui m'a vu a vu le Père ; comment dis-tu : Montre-nous le Père ? Ne crois-tu pas que je suis dans le Père, et que le Père est en moi ? Les paroles que je vous dis, je ne les dis pas de moi-même ; et le Père qui demeure en moi, c'est lui qui fait les œuvres. Croyez-moi, je suis dans le Père, et le Père est en moi ; croyez du moins à cause de ces œuvres.

C'est après avoir eu la connaissance de Jésus, que vous arriverez à la connaissance du père. Car c'est en lui que se trouve le père. Pas en dehors de lui.

Toute ses fonctions ou titres de Dieu sont en Jésus Christ. Donc, père, fils et Saint Esprit cachés dans un seul homme Jésus-Christ.

Colossiens 1 :19

Car Dieu a voulu que toute plénitude habitât en lui.

Donc, Dieu a choisi d'habiter dans un corps appelé Jésus et manifeste toute sa gloire. Ce corps est un tabernacle de Dieu ou sa maison pour concilier les hommes avec lui. Donc le Saint Esprit, c'est sa forme initiale. Nous l'appelons Esprit de Dieu Genèse1 :1, matthieu3 :16. Esprit de Christ Romain8 :9, 1pierre1 :11. Par ceci, vous comprendrez qu'il s'agit d'un seul Dieu mais qui se manifeste sous différente facettes et cela n'est pas seulement en ce trois formes. Comprenez que Dieu peut prendre toutes les formes qu'il veut. Par exemple :

Aigle : Dieu est parfois identifié au grand aigle Apocalypse 12 :14 pour manifester sa sécurité, sa protection sur ses enfants. Ce n'est pas que Dieu est un aigle, non. Il s'identifie seulement en cas de besoin.

Exode 19 :4

Vous avez vu ce que j'ai fait à l'Égypte, et comment je vous ai portés sur des ailes d'aigle et amenés vers moi.

Donc, il a pris cette forme juste pour transporter son peuple.

Lion : Dieu est aussi appelé un lion ; quand il se montre comme un guerrier pour combattre ses adversaires Job10 :16, Amos3 :8. En prenant la forme et l'image du lion, c'est une représentation royale. Jésus au millénium il viendra comme un jeune lion, fils de David. On l'appelle **« le lion de la tribu de Judas »**. Il vient pour établir son royaume avec les hommes. Donc, en étant lion, il est roi. Et c'est avec cette image, qu'il vaincra définitivement Satan et rétablira toute chose. Apocalypse5 :5. Ce n'est pas que Dieu est un lion. Mais il peut prendre sa forme pour accomplir quelque chose, Dieu fait ce qu'il veut et quand il veut.

Ange : Dieu peut prendre aussi cette forme, c'est une forme que l'œil humain peut avoir accès de voir. Dieu lorsqu'il veut se montrer à un homme, il prend la forme d'un ange.

Genèse 32 :28-30

Il dit encore : Ton nom ne sera plus Jacob, mais tu seras appelé Israël ; car tu as lutté avec Dieu et avec des hommes, et tu as été vainqueur. Jacob l'interrogea, en disant : Fais-moi je te prie, connaître ton nom. Il répondit : Pourquoi demandes-tu mon nom ? Et il le bénit là. Jacob appela ce lieu du nom de Peniel : car, dit-il, j'ai vu Dieu face à face, et mon âme a été sauvée.

Jacob voyait un homme, mais après il a compris que c'était Dieu. Donc, il a pris la forme d'un ange. Et même Moïse qui avait vu le dos de Dieu qui lui parlait et qui marchait avec son peuple, l'écriture dit que c'était Christ. **« 1Corinthien10 :4 et qu'ils ont tous bu le même breuvage spirituel, car ils buvaient à un rocher spirituel qui les suivait, et ce rocher était Christ ».**

Exode 13 :21

L'Éternel allait devant eux, le jour dans une colonne de nuée pour les guider dans leur chemin, et la nuit dans une colonne de feu pour les éclairer, afin qu'ils marchassent jour et nuit.

Et on l'appelle ange de l'Éternel qui signifie Dieu. Juge13 :18, l'ange donne son nom en disant : je suis merveilleux. Or, merveilleux veut dire : admirable. Donc, ici il manifeste le nom d'admirable. Et vous comprenez que c'est toujours Christ qui apparaissait dans toutes ces formes. C'est pourquoi Esaïe appelle l'enfant qu'il a vu en vision :

Esaïe 9 :5

Car un enfant nous est né, un fils nous est donné,

Et la domination reposera sur son épaule ;

On l'appellera Admirable, Conseiller, Dieu puissant,

Père éternel, Prince de la paix.

Cette écriture a été interprétée par Paul en Colossiens1 :19. C'est clair qu'il était lui-même Dieu mais dans la chair. Comme Esprit, il était commencement la parole créatrice.

Jean 1 :1-3

Au commencement était la Parole, et la Parole était avec Dieu, et la Parole était Dieu. Elle était au commencement avec Dieu. Toutes choses ont été faites par elle, et rien de ce qui a été fait n'a été fait sans elle.

La parole est dans la bouche de quelqu'un, d'où on peut en aucun cas séparer la parole de celui qui parle. Quand vous dites quelque chose et après vous voulez nier. S'il y a enregistrement de votre voix, vous ne direz pas que c'était ma bouche et non moi. Et cette parole, Dieu entre dans un corps Jean1 :14 et devient un homme. Et la parole c'est L'Esprit Jean6 :63. Jésus s'appelle aussi **« la parole »**.

Apocalypse19 :13

Et il était revêtu d'un vêtement teint de sang. Son nom est la Parole de Dieu.

➢ **Que veut dire baptiser au nom du père, fils et Saint Esprit ?**

Baptiser au nom du père, du fils et du Saint Esprit a été dite par Christ aux disciples et c'était avant qu'il reçoivent l'Esprit de Christ. Car c'est l'Esprit qui vient révéler Jésus.

Matthieu 28 :19

Allez, faites de toutes les nations des disciples, les baptisant au nom du Père, du Fils et du Saint-Esprit,

Et aucun disciple dans les écritures n'a baptisé au nom du père, du fils et du Saint Esprit. Avaient-ils désobéi ? non. Ils avaient compris qu'en Jésus il y a toutes les fonctions de Dieu. Et aussi, pour être l'homme doit recevoir le nom de Dieu qui est Jésus. En ce temps de la fin, il s'est montré à nous par Jésus.

Esaïe 52 :6

C'est pourquoi mon peuple connaîtra mon nom ;

C'est pourquoi il saura, en ce jour,

Que c'est moi qui parle : me voici !

Cette promesse est accomplie dans notre ère. Nous le connaissons par son nom. Tous les apôtres ont baptisé au nom de Jésus car c'est le seul grand nom dans le Ciel comme sur la terre. Et c'est en ce nom qu'il y a le salut.

Actes 4 :12

Il n'y a de salut en aucun autre ; car il n'y a sous le ciel aucun autre nom qui ait été donné parmi les hommes, par lequel nous devions être sauvés.

- **Que veut dire alors baptiser au nom du père, fils et Saint Esprit ?**

Baptiser veut dire donner un nom à quelqu'un ou nommer quelqu'un. En grec baptizo veut dire : plonger dans, immerger. Donc, par le baptême, on vous plonge en Christ, faire participer à son œuvre de la souffrance à la mort puis sa résurrection. Baptiser au nom du père, c'est ramener l'homme à son père qui est Dieu. C'est lui donner son adresse, lui montrer sa source ou son origine. Lui ramener au père. Car nous venons de Dieu et c'est lui notre père. Baptiser au nom du fils veut dire, lui coller ou lui donner une identité du fils. L'homme qui était perdu avait perdu l'identité du fils. Ainsi, par le baptême, il est nommé fils. Car baptiser c'est nommer. Baptiser au nom du Saint Esprit, il s'agissait de faire participer l'homme au baptême de l'Esprit pour recevoir l'identité du fils. (Réf : mon livre sur le baptême). Et tout se fait au nom de Jésus Christ.

Colossiens 3 :17

Et quoi que vous fassiez, en parole ou en œuvre, faites tout au nom du Seigneur Jésus, en rendant par lui des actions de grâces à Dieu le Père.

<u>RESUME DU MESSAGE</u>

<u>Noté bien ceci</u> : Jésus en acceptant de venir dans le monde, il a accepté d'abandonner provisoirement la gloire d'être Dieu. Il a apparu comme un homme ordinaire. Sa divinité était une seconde nature qui n'était pas révélée en son temps. Et lui-même n'avait pas besoin de présenter cette nature au monde. C'est pourquoi il n'a jamais dit clairement lui-même qu'il était Dieu. Connaissant lui-même l'écriture qui dit que « Dieu n'est pas un homme ». Donc, pendant qu'il était dans le monde, il n'était pas Dieu mais un serviteur. Preuve, pendant qu'il était sur la terre, il vivait comme tout homme. Il mangeait, il buvait, il dormait, etc. or, l'écriture nous renseigne que Dieu ne sommeille ni ne dort. Et aussi le Seigneur lui-même a dit dans les écritures : **« Ps 50 :13 Est-ce que je mange la chair des taureaux ? Est-ce que je bois le sang des boucs ? »**.

C'est la preuve qu'il s'était dépouillé de ses qualités de Dieu pour être conforme aux hommes. Une autre preuve ce qu'aucun homme ne peut voir Dieu (dans sa nature de Dieu) et vivre. Il a dit à Moïse :

Les enfants d'Israël en sont une preuve, ils l'ont réclamé à Moïse et Dieu avait descendu. Personne ne pouvait s'en approcher exode19 :15-16. En ce temps de la fin, s'il était encore descendu dans cette forme, tout le monde devrait mourir. En ce temps de la fin, nous l'avons vu au travers Jésus homme.

C'est là que tout à commencer pour accomplir la promesse d'Esaïe le prophète.

Cette écriture confirme que Jésus est le Dieu véritable venu dans la chair pour sauver les pécheurs. Donc, Dieu a visité la terre et les hommes qui croient en lui sont sauvés. C'est pourquoi il faut croire en Jésus comme Dieu unique, Seul Seigneur et sauveur des pécheurs. Plusieurs fois, lorsque le Seigneur veut visiter la terre, il venait dans ce corps humain et c'est le même corps qui a été formé dans le ventre de Marie. « **Michée1 :3 : car voici, l'Éternel sort de sa demeure, il**

descend, il marche sur les hauteurs de la terre ». Dieu visite la terre dans un corps et c'est ce corps que les disciples contemplaient. C'est pourquoi Jésus disait aux disciples : « mais heureux sont vos yeux, parce qu'ils voient, et vos oreilles, parce qu'ils entendent ! Je vous le dis en vérité, beaucoup des prophètes et des justes ont désiré voir ce que vous voyez, et ne l'ont pas vu, entendre ce que vous entendez, et ne l'ont pas entendu ». En disant beaucoup des prophètes, il ne s'agit pas certainement de tous les prophètes. Quelques-uns l'ont vu et lui-même l'avait confirmé devant les pharisiens.

Jean 8 :56

Abraham, votre père, a tressailli de joie de ce qu'il verrait mon jour : il l'a vu, et il s'est réjoui.

Et Abraham c'est à plusieurs reprises qu'il a vu Jésus et c'est à lui qu'il avait remis sa dîme du butin. Donc, Dieu visitait la terre dans un corps humain. Donc le corps avec lequel Christ est né ne vient pas de Marie. Marie a juste porté ce qui existait déjà des siècles avant ! La venue du Seigneur dans un corps humain, avait été annoncé par Esaïe le prophète **« c'est pourquoi le Seigneur lui-même vous donneras un signe, voici, la jeune fille deviendra enceinte, enfantera un fils, et elle lui donnera le nom d'Emmanuel Esaïe7 :14 ».**

1Jean5 :20

Nous savons aussi que le Fils de Dieu est venu, et qu'il nous a donné l'intelligence pour connaître le Véritable ; et nous sommes dans le Véritable, en son Fils Jésus-Christ. C'est lui qui est le Dieu véritable, et la vie éternelle.

Tout ce qui est de la connaissance de Dieu, nous le trouvons dans un seul homme Jésus Christ. Lorsqu'il était sur terre, il parlait dans un langage où même les disciples ne pouvaient pas comprendre, mais lorsqu'il est parti au Ciel, ils ont compris que Dieu avait visité la terre par Jésus Christ. Et Jésus disait concernant le Saint Esprit :

Jean 14 :16-18

Et moi, je prierai le Père, et il vous donnera un autre consolateur, afin qu'il demeure éternellement avec vous,

L'Esprit de vérité, que le monde ne peut recevoir, parce qu'il ne le voit point et ne le connaît point ; mais vous, vous le connaissez, car il demeure avec vous, et il sera en vous. Je ne vous laisserai pas orphelins, je viendrai à vous.

Jésus dit cet esprit va demeurer éternellement avec vous autrement dit, il sera toujours avec vous tant que vous êtes dans ce monde. Or, le jour où il fût enlevé, il dit : **« Matthieu 28 :20(b) Et voici, je suis avec vous tous les jours, jusqu'à la fin du monde ».**

Voyez-vous ? donc, cet esprit qui devrait venir demeurer éternellement avec nous, c'est lui-même. Et il ajouta : « je ne vous laisserai pas orphelin, je viendrai à vous !» ça veut qu'il était un père pour ses disciples. Et il doit revenir sous forme de l'Esprit pour nous garder comme un père qui garde ses enfants. Et nous comprenons que celui qui est en nous aujourd'hui c'est Christ Colossiens1 :27, romain8 :9.

1Pierre1 :10-11

Les prophètes, qui ont prophétisé touchant la grâce qui vous était réservée, ont fait de ce salut l'objet de leurs recherches et de leurs investigations, voulant sonder l'époque et les circonstances marquées par l'Esprit de Christ qui était en eux, et qui attestait d'avance les souffrances de Christ et la gloire dont elles seraient suivies.

L'écriture atteste que les prophètes de l'ancien temps, annonçaient, ou prophétiser par l'Esprit de Christ. Nous concluons que Jésus est lui-même « père, fils et saint Esprit ».

Printed by Books on Demand GmbH, Norderstedt / Germany